旋律之外见初心

左堃　主编

天津社会科学院出版社

图书在版编目（ＣＩＰ）数据

旋律之外见初心 / 左堃主编. -- 天津 ： 天津社会
科学院出版社，2023.9
　　ISBN 978-7-5563-0889-7

　　Ⅰ．①旋⋯ Ⅱ．①左⋯ Ⅲ．①艺术家－事迹－中国－
现代 Ⅳ．①K825.7

　　中国国家版本馆CIP数据核字(2023)第 099291 号

旋律之外见初心
XUANLYU ZHI WAI JIAN CHUXIN
选题策划：韩　鹏
责任编辑：吴　琼
责任校对：李思文
装帧设计：雅蕴东方设计工作室
出版发行：天津社会科学院出版社
地　　址：天津市南开区迎水道 7 号
邮　　编：300191
电　　话：（022）23360165
印　　刷：北京盛通印刷股份有限公司
开　　本：787×1092　　1/12
印　　张：13
字　　数：50 千字
版　　次：2023 年 9 月第 1 版　　2023 年 9 月第 1 次印刷
定　　价：98.00 元

《旋律之外见初心》编委会

主　　编：左　堃
编　　委：马　宁　王少娟　王彦睿　边志军
　　　　　杨玉华　杜仲华　赵　萌　韩　鹏
　　　　　（按姓氏笔画为序）

前　言

　　老唱片是一个时代的记忆，是一种独特的情怀。而音乐，在中国共产党的历史进程中发挥着重要的陶冶情操与振奋精神的作用。

　　由北京市东城区图书馆推出的《旋律之外见初心》一书，是一本记录老一代作曲家、歌唱家创作、演唱经典红色歌曲背后故事的图文集。这些老艺术家或已至耄耋之年、或已经离开人世，但通过他们或其家人的亲口讲述，读者不仅了解当年这些经典歌曲在创作、排练、演唱时不为人知的故事，而且还被他们深入骨髓的对党的热爱之情深深打动。同时，本书还介绍了一部分目前已属非常珍稀的老唱片版本，着重介绍了《黄河大合唱》《国歌》等红色唱片。

　　本书旨在用声音的方式，再次带领读者重温起那些历尽千难万险、不懈抗争的光辉岁月，而用原汁原味的歌声与旋律来追溯百年征程，则更加能感受到历史的脉搏与温度。当一张老唱片在留声机上缓缓转动时，那浑厚有力的歌声悠悠传来，让人仿佛身临其境，激动不已。

本书不仅展示了诸多珍稀黑胶老唱片，还展示了大量由受访老艺术家及家人提供的珍贵历史照片。这些照片大多为首次公开，似乎每一幅都有说不完的故事，让读者在阅读故事的同时，也能看到这些艺术家于工作、生活中最真实的一面。

北京市东城区图书馆还通过努力，完成 100 首黑胶唱片中红色经典曲目的数字化采集工作。这在丰富图书馆资料、使文化输出方式更加立体化等方面是一次有益的尝试。

这些经典曲目不仅音质好，更是可以让人产生与演唱者面对面交流的感觉。这些带有历史痕迹的声音，将红色党史故事娓娓道来，直击人心，催人奋进。

2023 年 5 月

目 录

用一生歌唱祖国

壹

♪

因为我经受过民族的苦难，也参加过民族解放斗争，过去在山沟里打游击的时候，常常想象着祖国解放后的情形。因此一看到中华人民共和国成立了，便很自然地产生了激动的情绪，想写一首歌唱祖国的歌曲……

《歌唱祖国》诞生记

畅想写一首歌

1949 年 10 月 1 日下午，北京，天安门广场。

王莘手持中央政务院颁发的开国大典出席证，登上天安门城楼东侧的观礼台，亲历共和国诞生的辉煌历史时刻。

这一天，天安门广场已汇成一片红旗的海洋、欢乐的海洋。晚上，在返回天津的列车上，王莘向妻子透露了他的想法："我想写一首歌唱祖国的歌曲，等明年国庆一周年的时候，希望能在天安门广场唱起这首歌。"

1949 年夏，王莘摄于天津。

"好哇，这是个好主意！"妻子说道。

"你看，人们对中华人民共和国这么热爱，对未来这么憧憬，我们应该用音乐语言，将他们的这种情感鲜明地表达出来。"

回到天津以后，王莘马上进入了创作状态。他想，毛泽东同志在开国大典上向全世界庄严宣告："中国人民从此站起来了！"何不以此作为歌曲的主题，于是，他这样写道：

中国人民站起来了，
帝国主义在发抖，世界人民在欢笑。
中华民族勇敢勤劳、不屈不挠，
誓把一切敌人统统打倒……
鲜红的太阳升起来了，
中国人民站起来了，
我们建立起新中国，
在毛主席的领导下，
把自由幸福来创造……

王莘与妻子王惠芬在天安门前合影。

　　王莘把歌词念给妻子听，妻子说内容不错，就是歌词太直白，缺乏诗意。他觉得妻子说得对，便重新构思。他差不多每隔两三天就写一首，其中发表在《天津日报》的就有 6 首，可是发表以后并未在社会上传开。他想，当年在晋察冀边区，条件那么艰苦，没有报纸也没有电台，写的歌还有人传唱，现在这么好的条件，群众不唱，只能说明自己没写好。

　　就这样，将近一年时间过去了，他写了近百首歌，也没听见到太大的回响。

▌灵感迸发

从 1949 年秋天开始，王莘面临一个新的任务——筹建天津市音乐工作团。他以群众剧社部分音乐舞蹈干部为基础，经过严格的招生考试，从社会上录取了 60 多名年轻的音乐爱好者。这些爱好者经过一段时间的强化训练后，于 1950 年 6 月成立了天津市第一个专业音乐团体——天津市音乐工作团，王莘任团长，曹火星任副团长，鲍昌任政治指导员。

当时，音乐工作团的主要任务是下基层为群众演出，演唱的曲目多是新作，如王莘、张学新、鲍昌、艾文会等创作的《红五月联唱》，以及解放区歌曲《翻身道情》《妇女自由歌》《解放区的天》《没有共产党就没有新中国》等。王莘也沉浸在工作和创作的双重愉悦中。但是，令王莘从心灵深处始终放不下的，就是他在开国大典后立志要写一首歌唱祖国的歌。

1950年6月，天津市音乐工作团成立，王莘任团长。

王莘曾在回忆录中这样写道：

　　一首歌曲的产生，有时候看起来很简单，只是坐在桌子旁写几个钟头就完成了。因此在一般人的印象里，作曲者似乎是一群"天才"，其实，这是一种误解。一首歌在正式写的时候，可能只需要几个钟头甚至几个晚上，但它所以能够产生，却是作者长期生活积累的结果，是由于作者的情感经过不断的酝酿，才有可能逐渐形成一个比较完整的作品……

因为我经受过民族的苦难，也参加过民族解放斗争，过去在山沟里打游击的时候，常常想象着祖国解放后的情形。因此，一看到中华人民共和国成立了，便很自然地产生了激动的情绪，想写一首歌唱祖国的歌曲，把站起来了的中国人民的爱国之情表现出来。这种热爱祖国的感情，在人民中间像火花一样到处迸发着。我到天津棉纺一厂深入生活时，看到女工们在炎热的夏天紧张地劳动着，衣服被汗水湿透了，仍坚守岗位并开展劳动竞赛，她们说，我们是国家的主人翁，要为国家建设多作贡献。我还常在不同的场合听到人们谈起祖国，他们的结论是共同的，"祖国太伟大了""亲爱的祖国"，在这些简单的语言里，蕴藏着他们对祖国无限深沉的热爱。它需要我们音乐工作者通过音乐语言表现出来。这不仅要很好地掌握音乐技巧，更重要的是把自己的思想感情与人民的思想感情融为一体，因为表达人民的感情，实际上也就是表达自己的感情。

1952年，王莘与作家代表团赴朝慰问，左二巴金，左三王莘，右二胡可。

　　时光荏苒，转眼已经成立一年的天津市音乐工作团，有合唱队、独唱演员，却没有一支完整的乐队，即只有钢琴、大小提琴等弦乐乐器，没有铜管、木管等管乐乐器。彼时正值解放初期，百废待兴，西洋乐器都需进口，国家不可能拿珍贵的外汇购买乐器。这令王莘颇为苦恼。

　　一天，一位从北京探亲后返津的同事告诉王莘，他家附近的一个当铺里，摆着很多乐器，这一下勾起王莘的兴致："你说的当铺地址在哪儿？"

　　"北京西四牌楼。"

　　"好，我明天就去那儿看看。"

第二天，王莘便坐火车到了北京。当时的他，正值而立之年，身强体壮、风华正茂，从前门火车站下了车，一路步行到西四牌楼，顺利找到了那家当铺。经过与店铺老板的一番讨价还价以及"心理战"，他收获颇丰——木管组的单簧管、双簧管、长笛；铜管组的圆号、长号、小号。一个管弦乐队的管乐，基本买齐了。

就这样，他手提肩背一身乐器，从西四走到西单，从西单走到六部口，过新华门，再往前走就是天安门广场了。

在抗美援朝战场上，王莘在坑道里教歌。

　　广场上空一面鲜艳的五星红旗，在强劲的秋风中发出"哗啦哗啦"的声响，像是在宣示新生的共和国已高昂着头颅，屹立于世界民族之林。在夕阳的余晖里，一队队少先队员，高举着红旗，吹着军号、打着小鼓，挥动着花束，雄赳赳、气昂昂地列队前进。他的眼前仿佛出现了国庆检阅的场面，海潮般汹涌的人群，歌声、欢呼声和口号声响彻云霄……所有这些画面、声音、想象，急速在他脑海中叠加着、跳跃着，蓄积已久的灵感之门忽然打开，歌曲的主旋律瞬间涌上心头，他放开喉咙，情不自禁地吟唱起来：

　　　　五星红旗迎风飘扬，
　　　　胜利的歌声多么响亮。
　　　　歌唱我们亲爱的祖国，
　　　　从今走向繁荣富强。

1954 年，王莘回老家看望启蒙老师沈凤梧。

此刻，王莘自己都感到惊奇：这首歌，词、曲一气呵成，虽然只是腹稿，尚未成形，但凭他的直觉，已经找到了歌曲的最佳语言和形象。他来不及仔细琢磨，直奔前门火车站……

1939 年，由冼星海创作的《黄河大合唱》在延安首演，图为演出前鲁艺的学员们在山坡上练歌。
指挥者为冼星海，箭头所指为王莘，他当时还演唱了《河边对口唱》中的"王老七"。

▌列车上的听众

　　登上开往天津的火车，王莘开始掏自己的衣袋，周身只摸到了一盒大前门牌香烟。他把剩余的烟卷取出，撕开烟盒，记下了《歌唱祖国》的前四句歌词和曲谱。这时，他一身轻松地望着车窗外匆匆掠过的树木、田野与河流，脑海中忽然又浮现出两句歌词：

　　　　越过高山，越过平原，
　　　　跨过奔腾的黄河长江。

　　多少年后，儿子王斌与王莘探讨过一个问题：山有多高，您能从山上越过去吗？黄河、长江有多宽，您能从江河上跨过去吗？但是，坐在飞驰的火车上很容易产生这样的联想。这种浪漫主义的想象，是坐在钢琴旁或写字台前很难产生的。在这列火车上，他想到秀丽的江南鱼米之乡，想到北方战斗过的太行山麓，想到为了祖国的独立自由前仆后继不惜付出生命的人民。于是，后面几句脱口而出：

宽广美丽的土地，
是我们亲爱的家乡。
英雄的人民站起来了，
我们团结友爱坚强如钢……

写完，王莘不断打着拍子吟唱着，力图让歌曲的旋律更加舒展、流畅、铿锵有力。他如痴如醉的创作状态惊动了四座。人们用疑惑不解的目光端详着他。坐在他对面一位工人模样的汉子好奇心切，用一口纯正的天津话开了腔："老弟，我看你一路上神神道道的，没完没了地唱，我猜你是乐器行的老板吧？"

"不是，我是写歌的，我唱的是刚写的一首歌，叫《歌唱祖国》，我再唱一遍，大家听听，给我提提意见，好不好？"

没想到车厢里坐着一位作曲家，乘客们不禁肃然起敬，纷纷投来赞许和期待的目光。

1958 年，王莘在天津滨江道街头教唱自己创作的新歌。

　　王莘站起身来，放开喉咙，声情并茂地唱了一遍《歌唱祖国》。令他意想不到的是，在他歌唱的时候，下面竟然有人跟着哼唱起来，他索性开始教大家唱。他唱一句，大家跟着学一句。他觉得大家唱得与他不一致的地方，会当即记录下来，以便将歌曲修改得更便于百姓传唱。

　　这是 1950 年 9 月 15 日晚，从北京开往天津的火车上。其中一节车厢里的乘客，有幸成为《歌唱祖国》的第一批听众。

王莘幸福的大家庭。
后排左：王庆华（三女）、王家祥（侄子）、王大山（长子）、王玉惠（四女），
二排左：王军（次女）、王斌（次子）、王辉（长女），
前左一：王惠芬（妻） 前右一：王莘。

终于写成了

同一天晚上，王莘家中。

妻子王惠芬挺着个大肚子，站也不是、坐也不是，怎么待着都不舒服。因为，孩子很快就要出生了，她望眼欲穿地期盼着孩子父亲火速归来。

1977年，王莘访问日本时指挥日本友人演唱《歌唱祖国》。

好不容易斜卧在沙发上睡着了，忽听一阵用脚踢门的声音。她挣扎着起身开门，门打开的一刹那吓了她一跳——丈夫挂着一身乐器，模样怪怪的，不禁又气又怨："你还知道回家？我都难受成什么样儿了。"

"夫人莫急，我有好消息告诉你，我的歌写成了。"

"啥歌呀？"

"就是我在开国大典上说的想写一首歌唱祖国的歌，让游行队伍通过天安门城楼时唱的。"

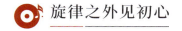

"你快唱给我听听。"

"我先喝水，嗓子都要冒烟啦！"喝完水，王莘清了清嗓子，把《歌唱祖国》给妻子唱了一遍。

王惠芬脸上露出了满意的神色："嗯，这首歌写的与往常不一样，豪迈、深情，有气势，不错！"

受到妻子的表扬，王莘更得意了，说道："干脆，你也别睡了，咱俩来个夫唱妇随，男女声二重唱，如何？"

于是，在那个难忘的不眠之夜，这对在战火中喜结连理的夫妻，又在为讴歌中华人民共和国歌曲的诞生而兴奋着、忙碌着。

第二天一早，王莘就把妻子送到天津妇产科医院。上午八点，他们的大女儿出生了。多年后，大女儿无比自豪地说："我是与《歌唱祖国》同一天诞生的！"

█ 巅峰之作

　　《歌唱祖国》的诞生，是王莘音乐创作的巅峰，也是新中国音乐史上里程碑式的作品，堪与《义勇军进行曲》《黄河大合唱》等时代经典相提并论。

　　关于《歌唱祖国》，音乐评论家高鲁生作过这样的阐述："首先，新中国刚刚成立，广大人民经过长期战乱，渴望建立一个独立自主的人民政权，过上和平幸福的生活，《歌唱祖国》生正逢时，适应了人民群众的这一心愿。作者采用革命现实主义和革命浪漫主义相结合的创作方法，以艺术化的音乐语言，民族化、大众化的歌曲形式，抒发了人们热爱祖国、热爱和平、热爱家乡和憧憬未来的美好情感。其次，《歌唱祖国》的音乐形象是鲜明的，于激情中蕴含着抒情，刚健中融汇着优美，结构完整，段落分明层次清晰，起伏跌宕，构成了整个歌曲的完美性。"

《歌唱祖国》王莘手稿。

对于歌曲的民族性与世界性的关系，音乐评论家汪毓和有着更深入的探讨：

　　"王莘的《歌唱祖国》是在我国传统五声性音调的基础上，大胆运用大调性的第四、第七音，甚至并不回避四度音的下行进行和七度音的上行进行。有人据此认为这首歌民族风格不够，有些洋腔洋调等，我认为这是有失偏颇的。必须承认，经过近百年中国新音乐文化的发展源自欧洲的大小调功能体系的音调和和声体系，已经为相当多数的中国人民所接受，中国的音乐家已经通过他们的艺术实践，将其逐步与中国五声性音调进行结合，写出了不少优秀的、能为大多数群众所接受的作品。如聂耳的《义勇军进行曲》、郑律成的《中国人民解放军进行曲》、贺绿汀的《游击队歌》等，这些歌曲尽管运用了大调性的七声音阶及其和声配置，并不像某些批评者认为的，与我们民族的音乐格格不入。中国传统音乐中运用五声以外偏音的例子是存在的。事实证明，包括王莘的《歌唱祖国》在内，上述作品的音乐风格，已经为千千万万中国人民所接受、所喜爱，并已纳入优秀中华民族音乐的宝库。"

　　（本部分作者为王斌、杜仲华，图片由王莘先生家人提供。）

时代变革的作词人

贰

一首《春天的故事》，唱出了改革开放的时代巨变；一首《走进新时代》唱出了高举旗帜、开创未来；一首《中国梦》唱出了时代最强音……这些歌词、歌曲大家都耳熟能详，但是鲜有人知道这些唱响大江南北的歌曲背后的作词人。他，就是为时代写歌的蒋开儒。

▌曾是标枪冠军

　　蒋开儒，1935 年生，祖籍广西桂林，词作家。早年参军，多次立功。后到北大荒地区，曾任黑龙江省穆棱县政协副主席。从 20 世纪 60 年代开始习作小说、曲艺、戏剧，80 年代以后专攻歌词。主要作品有《喊一声北大荒》《春天的故事》《走进新时代》《中国梦》等。作品先后荣获"五个一工程"奖、文华奖、解放军文艺奖、中国广播文艺奖、电视文艺"星光奖"、中国金唱片奖等诸多荣誉。

军旅时期的蒋开儒。

　　蒋开儒出生于一个国民党军官家庭，父亲是黄埔军校第四期学员。而中华人民共和国的成立，也开启了他的全新生活。

　　中华人民共和国成立不久，抗美援朝战争打响，"保家卫国，抗美援朝"激起了年仅 15 岁的蒋开儒的斗志和梦想。他积极响应国家号召，参加了中国人民志愿军。不久，他参加了一次主题为"向党交心"的演讲比赛，通过层层选拔，最终蒋开儒依靠出色的表现荣获了第一名。

由于蒋开儒在部队的出色表现，后来被分配到连队当了文化教员，带着一颗感恩的心，他连续三年立了三次功。20岁那年，他随部队来到雷州半岛，就在当年团里举行了一场运动会，有跳高、跳远、投弹、标枪、铅球，一共五项比赛，他一个人拿了全部项目五个冠军。因为成绩突出，他获得一次破格提拔的机会，从连队文化教员调到团部担任体育主任，也成了远近闻名的体育专家。后来，部队要调他到师体育部当体育参谋，可是，他等来的却是一纸军垦调令，他踏上开赴北大荒的火车。

"1958年3月，我上了火车，坐的是那种闷罐车，哐当哐当坐了半个月才到黑龙江。我从春天一步走到冬天，别人的专业是革命需要，我的专业是革命不要。革命斗争的浪潮席卷全国，我就这样离开部队，来到了牡丹江市穆棱县（今穆棱市）。"

1959 年蒋开儒在穆棱县操场投标枪。

　　刚到穆棱，正赶上当地举行一场体育运动，蒋开儒一出手，就成了牡丹江市标枪冠军，当时的冠军是要被推荐去参加省运动会的，可是运动会结束后，他也没等到通知。"后来我才知道，由于我的家庭背景，政审不合格，让亚军去了。但我的心没死，决定让自己转型，于是开始学习文学。"

▌"有用"是一种幸福

　　在中华人民共和国成立 10 周年的时候，穆棱县要举行一场盛大的庆祝晚会，让蒋开儒出一个诗朗诵节目。那天，他穿着板板正正的中山装，走上了舞台，雄赳赳、气昂昂地朗诵了一首《穆棱好》：穆棱好 / 穆棱好 / 穆棱可地都是宝 / 打井打出金娃娃 / 挖窖挖出小煤窑 / 大豆摇铃谷子罗腰 / 高粱脸红会害臊 / 还有那人参貂皮乌拉草 / 穆棱好 / 穆棱好 / 穆棱人走路带小跑 / 说话就像唱山歌 / 未曾开口先带笑 / 大姑娘浪 / 小伙子彪 / 打着灯笼也难找 / 你说穆棱好不好。

"那天台下一片叫好声，一首小小的诗朗诵成了整台晚会的高潮。第二天，走在大街小巷，认识我的人都不叫我的名字了，都管我叫'穆棱好'。那一天，穆棱小城沉浸在一片'穆棱好'声中。"

蒋开儒也因此引起了穆棱县委、县政府的关注，当时的县委副书记说："这个蒋开儒，就愿意玩枪，不让他玩长枪短枪，他玩标枪；不让他玩标枪，他玩起了笔杆子。这个笔杆子也是枪呀。"就这样，蒋开儒被调到穆棱县文化馆。

蒋开儒（右三）在穆棱县文化馆工作时合影。

"在那时，我像万金油一样尝试各种创作，党需要什么我就写什么，流行什么我就写什么。穆棱县有矿，来这里淘金的人很多，我就像淘金工人一样，在这片黑土地上开始了我的文学淘金梦。后来，我从穆棱县文化馆到了毛泽东思想宣传队，在宣传队我写过一百多个作品，通过油印向全国传播，但是从来没有署过自己的名字，我无名、无利，但我有用，'有用'就是我的最大幸福。"

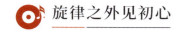

▌"我要给他写一首歌"

1978 年底，党的十一届三中全会胜利召开，改革的春风吹来。1979 年的早春二月，蒋开儒收到在香港的表妹来信。"表妹在信中约我在清明节的时候去香港，这个日子是在台湾地区的姐姐和远在美国的姑妈约定的。我把这封信交给了当地统战部，还附了一封赴港报告。但没想到我的报告很快获得了批准，就这样，我踏上了去香港的探亲路。"

1988 年 6 月留影。

　　1992 年又是一个春天，蒋开儒从穆棱县政协副主席的岗位上退了下来，那时他看到一篇长篇通讯——《东方风来满眼春》。他看完这篇报道后特别惊奇，"深圳我去过呀，1979 年我到香港探亲的时候，我是踩着田埂到的海关，深圳就是一片大水田，现在的深圳发生了什么变化？当时我就是想去看一看。于是我来到深圳，被眼前的景象吓了一跳，原来的水田，变成一片摩天楼，从 1979 年到 1992 年，这中间仅仅隔了 13 年。

"我认为这些改变都是邓小平理论带来的改变，我一直以为深圳的那个圈是铁丝网圈的，我突然就明白了是邓小平理论画出来的，圈外叫关外，圈内叫特区，圈外搞计划经济，圈内搞市场经济，好大一个圈把两种经济体制都圈了进来，把一场姓"资"姓"社"的斗争变为改革开放。改革开放给中国带来了春天，邓小平来深圳的时候也是在春天，'1979 年，那是一个春天，有一位老人在中国的南海边画了一个圈'这句话自然而然地涌现出来，《春天的故事》也就是在这样的深刻体悟和灵感中创作了出来。"

蒋开儒说，这是一首"写给邓小平的歌，改革开放，我是受益人，老百姓都是受益人，给我们带来了春天"。而《春天的故事》因为脍炙人口的传唱度和歌词语义的贴切度，成为人们致敬改革开放的代表歌曲。

　　《走进新时代》是《春天的故事》的姊妹篇。1996 年，深圳罗湖区邀请蒋开儒去写香港回归组歌，一共 10 首。"我非常珍惜这个历史机遇，一口气写下 9 首。压轴的一首我想歌颂党，因为没有中国共产党，就没有香港回归。"同时，蒋开儒也想以此歌告诉全世界，西方有西方的民主，东方也有自己的民主，中国的社会主义道路是符合国情的，是人民的选择，历史的选择。"西方喜欢用直接选举来标榜民主，我以为，东西方是两种不同的民主形式，他们是拳击赛，打倒重来；我们是接力赛，继往开来。我们要告诉世界，中国的命运自己主宰，让我们告诉未来，我们进行的接力赛。我们唱着东方红，当家作主站起来，我们唱着春天的故事，改革开放富起来，继往开来的领路人，带领我们走进新时代。"

▌我的梦，中国梦

为中国而歌，为时代而歌，我们唱着春天的故事，走进新时代。龙的传人、炎黄子孙——海内外都那么迫切地需要中国梦这一精神图腾，需要中国梦的文化特征……歌曲《中国梦》恰逢其时，应时而生。蒋开儒说："2012 年冬天，北京大学约我讲中国梦，当时我在写中国梦主题的歌词。党的十八大召开的前一天，在北京大学百年讲堂演讲中国梦时，我首先朗诵了这段词：中国人 / 爱追梦 / 千年美梦一脉相通 / 梦桃源 / 梦大同 / 梦一个天下为公 / 梦回归 / 梦嫦娥 / 梦一个小康繁荣！"

中国梦

作词：蒋开儒　　作曲：侯德健

中国人　爱追梦
千年美梦　一脉相通
梦桃源　梦大同
梦一个天下为公

你的中国梦
我的中国梦
他的中国梦
中国复兴梦

中国人　爱追梦
天下为公　世界大同

中国人　爱追梦
与时俱进　穿越时空
梦嫦娥　梦回归
梦一个小康繁荣

你的中国梦
我的中国梦
他的中国梦
中国复兴梦

中国人　爱追梦
与时俱进　穿越时空

太平洋太平
一带一路共赢
共建共享
共同的世界梦

中国梦　复兴梦
与时俱进　穿越时空

中国梦　和平梦
天下为公　世界大同

为什么选择这 6 个点来写中国梦？蒋开儒解释道："梦桃源"是追求自由、平等、公正、和谐；"梦大同"是指老有所终、壮有所用、幼有所长、残有所养；"梦回归"包含宝岛回归，也包含信仰回归；"梦嫦娥","嫦娥飞天"是科学发展的尖端标志；"梦一个天下为公"指中国共产党坚持"一切为了人民"；"梦一个小康繁荣"是共产党第一个百年的奋斗目标。

新版《中国梦》由蒋开儒作词，曲作家侯德建谱曲，媒体人岳晓峰策划出品。2019 年 1 月 12 日，唱响《中国梦》北京新闻发布会启动仪式在北京举办。此后，《中国梦》歌曲在全国和全球巡回唱响。一首《中国梦》，一腔家国情。一曲《中国梦》，一种时代音。一首《中国梦》，一段沸腾的音乐佳话。一曲《中国梦》，一种浓烈的家国精神。

《中国梦》出品人岳晓峰（左）、作词蒋开儒（中）、作曲侯德健（右）。

蒋开儒的艺术人生从 20 世纪 60 年代开始，20 世纪 80 年代后转攻歌词创作，凭借《喊一声北大荒》《春天的故事》《走进新时代》《中国梦》等具有时代意义的代表作品，成为备受尊重的艺术家。蒋开儒的一生起起落落，但他始终以阳光的心态面对人生。

（本部分作者为李克亮，图片由蒋开儒先生提供。）

我爱你，中国

叁

一曲《我爱你，中国》，从20世纪唱到新世纪，从改革开放唱到新时代，从全国各地唱到世界各国。当《我爱你，中国》的旋律响起时，大家会想到我国著名女高音歌唱家、音乐艺术家、声乐教育家叶佩英。

▌我的家叫中国

　　1935 年 7 月 10 日，叶佩英生于马来西亚吉隆坡一个华侨家庭，祖籍广东省惠阳县淡水镇。父亲叶育基是广东惠州公馆的书记员，母亲帮别人洗衣服，一家人过着清苦的生活。

叶佩英小时候与父母、哥哥合影。

　　"我们从小知道，自己不是这儿的人。父母告诉我，我们的国家叫中国，我们是中国人。""中国心"已经深深地扎根于她幼小心灵中。

　　1951 年春节，有位亲戚要回国探亲，在父亲的支持下，她毅然漂洋过海随亲戚踏上了回国的旅途。她在邮轮上经历了五天五夜的时间，当从香港跨过罗湖桥看到五星红旗飘扬的那一刻，16 岁的叶佩英内心激动得无法言喻。

叶佩英与母亲、哥哥合影。

回国后，在叔叔的帮助下，叶佩英在广州中山大学附中读到初二，因为不习惯粤语教学，她决定到北京上学，并考上了北师大附中初三年级完成中学学业。虽然，叶佩英在国外长大，说话唱歌的发音不标准，但她还是凭借过人的天赋，参加广州青年学生唱歌比赛并夺得冠军，获得北京市大中学生音乐舞蹈会演独唱优秀奖。

　　叶佩英爱国情深，刚到北京时，正值抗美援朝期间，她将父母给自己留作急用的唯一一条金项链都捐献给了国家。1955年在考大学时，她曾想报考地质类专业，"做一名地质学家，投身到新中国的建设中去"。合唱团指挥聂中明老师非常惜才，觉得她是难得一见的音乐人才，所以劝叶佩英考音乐学院。加之自己非常热爱音乐，于是叶佩英顺利考上了中央音乐学院声乐系，成为班里唯一的女高音，师从罗忻祖、汤雪耕。

█ 响彻大江南北

20世纪50年代，叶佩英就曾给电影《水上春秋》配唱，并扮演过剧中的群众角色。后来为故事片《丫丫》《苦难的心》《排球之花》《水晶心》《飞向太平洋》，纪录片《让青春常在》、电视片《沂蒙山，我对你说……》等配唱。

20世纪50年代中后期，叶佩英上大学后与堂表兄弟姐妹摄于北京。

　　1979 年 7 月，中央正式批准广东、福建两省在对外经济活动中实行特殊政策、灵活措施，鼓励利用华侨资源引进外资，迈开了对外开放的历史性一步。海外华人、华侨归国人员日渐增多，纷纷积极投身到祖国的现代化建设中来。作为全国最大的侨乡，广东归侨人数最多，对广东的经济社会发展作出了特殊贡献。在这样的时代背景之下，1979 年，珠江电影制片厂决定拍摄一部反映爱国华侨心系祖国的故事片——《海外赤子》。

20 世纪 60 年代末，叶佩英参加文艺汇演。

　　为了让改革开放后第一部反映归国华侨爱国情怀的影片在音乐上立得住，《海外赤子》的编剧胡冰找到当时已写出多首名作的作词家瞿琮。研读剧本后，瞿琮为女主角黄思华拿出了酝酿多年的歌词《我爱你，中国》。与瞿琮一样，作曲家郑秋枫的身份也是一名军人。为《我爱你，中国》谱曲，郑秋枫只用了两个小时。

　　《我爱你，中国》创作完成后，因为多名歌手试唱均未达到理想效果，郑秋枫只好请中央电台文艺部的负责人帮助推荐歌唱演员。对方当即推荐了中央音乐学院教师、女高音歌唱家叶佩英。

　　1979 年 5 月，叶佩英刚从广州同小提琴家司徒华城一起举办独奏独唱音乐会回来，一天中午收到一封鼓鼓的信，拆开一看，是电影剧本《海外赤子》和郑秋枫的信。他说这是一部反映华侨生活的动人故事，里面的插曲适合她，希望她配唱。她顾不得吃饭，抓起剧本，一口气就看完了，激动得流下了热泪。虽然还没有看到曲谱，但她立即给原广州军区文工团的郑秋枫回信，说一定为这部电影配唱。"旧社会，人们在国内生存不下去了，为了谋生才去背井离乡，这部电影写出了我们真实的来龙去脉。"叶佩英从剧本中看到了自己的影子。《海外赤子》中有海外华侨学子卖花为抗战募捐的片段，叶佩英就有过类似的经历。因为自己是华侨、海外赤子，影片主人公的心态根本不用特意去找、去体验。

叶佩英一家三口在中央音乐学院门口留影。

　　后来，在广州珠江电影制片厂录音棚里，她按照自己的理解，一次性完成了这首歌。不仅把自己对祖国浓浓的热爱之情表现得淋漓尽致，还把自己学到的西洋唱法与中国戏曲相结合，形成了极具中国特色的唱法，在表现上也更加适合《我爱你，中国》这首歌。郑秋枫紧紧握着她的手，连连说："你唱得太好啦！"

▋ 成就经典之作

当《海外赤子》上映，饱含无限深情的《我爱你，中国》迅速传唱大江南北，叶佩英的名字立刻为听众所熟知。这首歌反复九次的"我爱你"以层层递进的情感诠释出来，把海外游子眷恋祖国的无限深情抒发得淋漓尽致。正是因为叶佩英这样融会贯通的细腻表达，将她对祖国的一片赤诚和热爱倾注在深情的歌声中，打动了每一个中国人的心。《我爱你，中国》这首歌曲也成了一首家喻户晓、经久不衰的经典歌曲。

2021 年，叶佩英与于淑珍、王洁实等
歌唱家共同参与黑龙江卫视建党百年
献礼节目《青春之歌》的录制。

1980 年，在优秀群众歌曲评奖中，她凭该曲被评为"优秀群众歌曲"。1983 年，她获得第一届优秀歌曲评选"晨钟奖"。2002 年，她获中国电影歌曲优秀演唱奖。2019 年 6 月，这首歌曲入选中宣部"庆祝中华人民共和国成立 70 周年优秀歌曲 100 首"。

2019 年，叶佩英再次唱响《我爱你，中国》，在她和歌手蔡国庆的领唱下，近三万名来自全国各地的民众在天安门广场上同声高歌，向中华人民共和国成立 70 周年献礼。在 2019 年 9 月 13 日中央广播电视总台中秋晚会上，84 岁高龄的叶佩英携手青年歌唱家王莉，再次唱响《我爱你，中国》。叶佩英一开口，全场立刻掌声不止，观众都跟着合唱起来。

　　2022 年 4 月 7 日 17 时 45 分，叶佩英因病医治无效在北京逝世，享年 86 岁。在她的告别仪式上，一副挽联正是她一生真实的写照：海外赤子忠贞不渝歌声扬我爱你中国，德艺双馨崇德重教心血洒育满园桃李！

　　（本部分作者为宋汉晓、吴爱凤，图片由叶佩英女儿吴咏旭及中央音乐学院王华老师提供。）

肆

唱歌是她的信仰

多年的唱片收集，让笔者与一些老艺术家结下了深厚的友情，天津著名歌唱家许正源老师就是其中的一位。

早在三十年前，笔者已是许正源的忠实听众，用现在话来讲算是"超级粉丝"了。从那时起，笔者就开始搜集有关她的唱片、剧照以及演出资料等。几十年来，她演唱了大量歌曲，为听众塑造了优秀的音乐艺术形象，而她灌录的唱片已成为笔者藏品中的精品部分。

　　许正源老师平易近人，从来没有大歌唱家的架子，她的畅所欲言也拉近了我们之间的距离。多少年来，她面容清朗、笑貌甜美，现在虽已到耄耋之年，但依然拥有文静可人的大家闺秀气质——卷卷的头发、炯炯的目光，谈吐间依然流露出艺术气息，映衬出一位歌唱家的品位与素养。

　　走进她的家，艺术气息更浓了，屋内陈设着许多艺术品，钢琴旁摆挂了许多她的剧照。她一生热爱歌唱艺术，现在依然每天练声，所以到她家中有一种特殊的艺术享受，那就是聆听她的歌声。同时，她也向笔者讲述了许多她过去和现在的真实故事。

受家庭熏陶，许正源从很小的时候就对音乐
产生了浓厚兴趣，并且颇有天赋。这也为她
日后走向专业领域奠定了基础。

▋ 家庭渊源

许正源，国家一级演员，中国音乐家协会会员，1954 年至 1990 年退休前为天津歌舞剧院演员。她常说："唱歌对我来讲，它是我的宗教，我的信仰，我天天都要向它顶礼膜拜……"她曾向笔者讲述过是怎样走上歌唱道路的。

1938 年，许正源出生于北京，父母都是大家族出身，他们的结合可谓门当户对。她的父母都有一个沉醉多年的爱好——京剧，他们都喜爱程砚秋的程派艺术。母亲王端璆，琴棋书画无所不能，年轻时曾是古琴家查阜西的老师，查先生非常崇拜王端璆。拉二胡是她母亲的最大爱好，她能自拉自唱程派名剧《锁麟囊》《荒山泪》《青霜剑》等多出戏的全部唱段。

　　许正源 5 岁时，父母教会了她京剧《凤还巢》唱段。她每天还会练习写大楷、小楷，母亲还耐心教她学古琴。受父母熏陶，在她幼小的心灵中播下了艺术的种子。

　　1946 年，8 岁的许正源移居天津，住在音乐气氛很浓的姨母家，多位表哥、表姐每天听的多是郎毓秀的老歌。她只觉得好听但什么也不懂，对于他们所谈论的贝多芬、勃拉姆斯，更是多有不知。那时，广播电台和大街小巷都能听到播放和传唱周璇、姚莉、李丽华、李香兰等影星、歌星的歌曲，当时叫"流行歌曲"。舅舅、舅妈家的收音机成了许正源的好朋友，收音机里传出的歌声迷醉了她。每天放学做完功课她就跟着瞎唱。后来买了小本的《黄叶舞秋风》新歌曲集，自己练习唱歌。听着唱片，她学会了周璇的《四季歌》《月圆花好》，姚莉的《春的梦》《玫瑰，玫瑰我爱你》，李香兰的《卖糖歌》《夜来香》等歌曲。她心想，世界上还有这么好听的歌曲，从此便与唱歌结下不解之缘。

演 员 介 绍

1. 女高音: 李 瑛
　　李瑛1981年毕业于天津音乐学院。她是我院目前最年青的独唱演员。她的演唱特点: 泼辣、热情、音色圆润、清脆、委婉秀丽。她能演唱各种不同风格、不同流派的歌曲。她不但学习民歌, 而且吸收西洋传统唱法, 逐渐形成了自己的演唱风格。　　(李瑛曾两次在天津青年演员比赛中获奖)

2. 女高音: 许正源
　　许正源是我院女高音独唱演员和歌剧主要演员。她自幼喜欢音乐, 十六岁考进天津歌舞剧院, 并向中央乐团著名歌唱家梁美珍学习声乐艺术。她的演唱具有声音柔美、圆润, 音域宽广的特点, 又能掌握西洋发声技巧, 同我国民族唱法结合运用, 加之以真挚细腻的表演, 使她的舞台形象具有质朴而感人的效果。

3. 男高音: 王仲祥
　　王仲祥毕业于天津音乐学院, 受过较严格的声乐训练。他的声音明亮、甜美、酣畅贯通, 运用自如, 他所演唱的歌曲情感朴实, 亲切动人。曾在1980天津市青年演员比赛中获奖。
　　1982年随我院赴英国、北爱尔兰、塞浦路斯演出, 受到各国音乐爱好者和广大观众的热烈欢迎。

4. 男中音: 昝学亮
　　昝学亮多年来从事独唱演出, 在长期的舞台实践中把西洋传统唱法和民间演唱方法结合起来, 他的演唱特点亲切、热情、以情带声, 吐字清楚, 他擅于演唱诙谐歌曲和具有生活气息的歌曲。

5. 男高音: 张同龙
　　张同龙自幼酷爱音乐, 1974年毕业于天津音乐学院声乐系。他不仅继承传统的演唱技巧, 而且下苦功研究和探讨传统唱法之特点, 使其演唱日臻完善, 他不仅演唱中国歌曲, 并擅长于演唱不同风格的外国歌曲和歌剧选段。

6. 女高音: 刘惠敏
　　刘惠敏是我院培养起来的独唱演员, 她的音色甜美、圆润, 演唱风格比较轻柔, 她擅长演唱抒情歌曲和具有民间风格的歌曲。

天津歌舞剧院音乐会手册上对许正源的介绍。

▌梦的开始

　　1954 年，许正源考入天津人民艺术剧院歌舞团。那时，她快乐得像一只小鸟，努力学习声乐、说唱，练习与声乐有关的各方面技巧，汲取艺术营养。心中有梦，才会执着，如痴如狂的艺术追求铸就了她的艺术成就。

　　1956 年，许正源参加了全国音乐周，担任合唱《青春之歌》的领唱。此后，她在团里担任领唱、重唱、对唱、独唱。20 世纪 50 年代，音乐学院来了巴拉硕夫等多位苏联音乐专家，在他们的帮助下，她努力学习，同时又到中央乐团师从著名女高音歌唱家梁美珍学习声乐，这使她的歌唱水平有了一个飞跃。梁美珍是著名歌唱家，是 20 世纪六七十年代"样板戏"交响乐《沙家浜》中阿庆嫂的演唱者。

　　1959 年，天津人民歌舞剧院排演苏联轻歌剧《货郎与小姐》，21 岁的许正源在剧中饰演女主角居理乔赫拉，男主角阿斯克尔由天津著名歌唱家刘玉文扮演。演出在天津等地引起了轰动，使许正源一举成名。

庆祝国庆十周年推荐歌曲

本台增辟广播时间

（活页歌篇已由百花文艺出版社出版）

9月14日至9月30日每周下列时间内播送十首推荐歌曲的全部录音

星　　期	时　　　间	台　　别
3	7.45—8.15	河　北　台
4、6	6.30—7.00	天　津　一　台
1	6.45—7.15	天　津　二　台
2、5	18.00—18.30	天　津　三　台
1	9.00—9.30	天　津　三　台
日	12.30—13.00	天　津　三　台
1、3、5	20.45—21.15	天　津　五　台

以下每日"推荐歌曲"时间内分别播送国庆推荐歌曲

河　北　台	13.30——13.40
天　津　一　台	20.20——20.30
	12.50——13.30
天　津　二　台	20.20——20.30
天　津　三　台	7.50——8.00
	12.20——12.30
天　津　五　台	21.15——21.25

本周教唱歌曲："节日圆午曲"

1959年9月14日出版的《天津广播》上刊登了天津广播电台播放十首推荐歌曲的时间表，以及在广播中教唱《节日圆舞曲》的时间。

▌为党歌唱

　　1959 年，全国人民在喜庆的鞭炮锣鼓声中迎来中华人民共和国成立十周年。为喜迎十年大庆，当时的文化部、全国音协、河北群众艺术馆共同选编了十首歌曲，推荐到全国各基层单位，在群众中演唱。

　　这十首歌曲同时在多种音乐刊物上发表，中国唱片厂灌录唱片在全国发行，全国各地电台广为播放。这十首歌曲为《欢庆国庆十周年》《跃进伟大的祖国》《歌唱亲爱的中国共产党》《我们亲爱的祖国》《歌唱祖国大好河山》《歌唱中国共产党》《我们的祖国多美好》《祖国好》《节日圆舞曲》《少先队的旗帜迎风飘》。

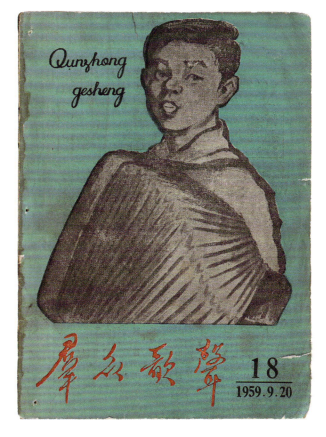

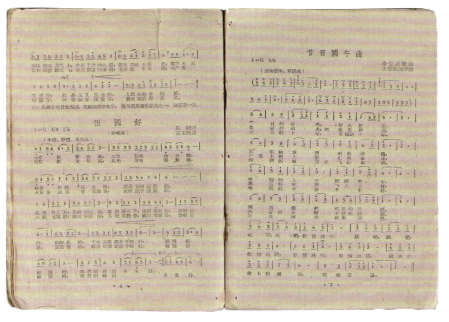

1959 年 9 月 20 日，百花文艺出版社出版的《群众歌声》中
收录的"庆祝国庆十周年推荐歌曲"。

十首歌曲选自天津百花文艺出版社出版的半月刊，1959年9月5日、20日的《群众歌声》之中。在这十首歌曲中，仅有《节日圆舞曲》和《歌唱中国共产党》两首女声独唱曲。这两首歌都由许正源演唱，尤其是《节日圆舞曲》传唱最广，当时在车站、码头、工厂、农村、部队、学校唱遍了全国各地，可以说是家喻户晓、人人喜爱的歌曲，至今一些老年听众还能从头唱到尾。

中国唱片发行的《节日圆舞曲》黑胶唱片。

许正源在演唱《歌唱中国共产党》。

　　而关于《歌唱中国共产党》这首歌，还有这样一个故事。2011 年 5 月，笔者在古玩市场寻觅到了由许正源演唱的该歌曲唱片。反复播放唱片，唤起了许正源的记忆。据她介绍，当时是"大跃进"年代，一些作品上午写出来，下午就要排练，到晚上就要演出。好的作品第二天就到电台录音，在广播中播放。由于当时忙于排练演出，《歌唱中国共产党》这首歌是在录音时才拿到歌谱的。

　　回忆五十多年前演唱《歌唱中国共产党》的往事，许正源心情非常激动。2011 年 7 月 1 日是中国共产党成立 90 周年纪念日，天津《今晚报》记者采访了许正源，报纸上刊登了她手持《歌唱中国共产党》唱片的大幅照片。天津广播电台滨海台也对她进行了采访，并播放了《歌唱中国共产党》的唱片录音。

▍歌声越洋

20世纪60年代，当时的天津歌舞剧院没有完全放弃演出，因此业务并没有荒废。当时，全国人民只唱八个"样板戏"和语录歌曲，也有一些革命歌曲在传唱。那一时期，许正源经常演唱的是《红太阳照边疆》。著名词曲作家韩伟和施光南合作写成了《最美的赞歌献给党》，交给许正源首唱，音乐会上演出效果非常好，广播电台录音播放，以后被很多人翻唱。20世纪70年代初，词曲作家韩伟、施光南又合作写出《打起手鼓唱起歌》，这首脍炙人口的好歌传唱至今。歌曲写成后同样由许正源首唱，并在天津广播电台播放，成为天津广播电台"每周一歌"栏目的推荐歌曲。1973年，天津歌舞剧院接受参加第一届广交会的演出任务，在许正源演唱的多首歌曲中《打起手鼓唱起歌》最受欢迎，通过电台唱响全国，著名歌唱家罗天婵、关牧村等也开始翻唱。

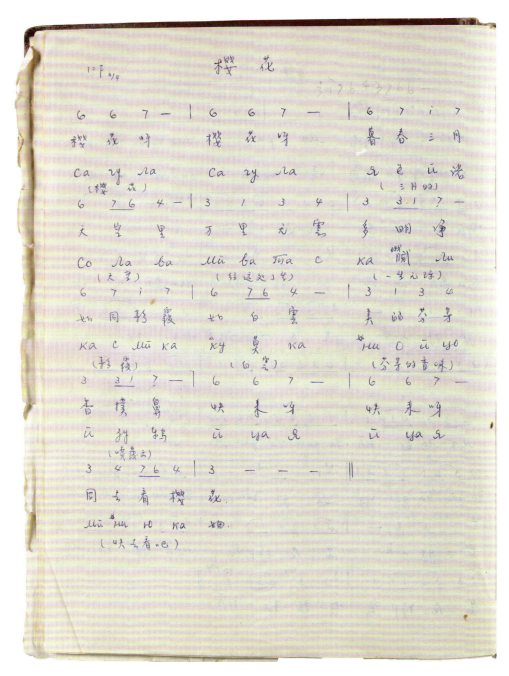

许正源演唱的日本歌曲《樱花》曾通过电波传到日本，
并得到日本女作曲家小黎园美都子的赞誉。

由于时间比较充裕，许正源当时还学习了一些英文和日文歌曲，并找到老朋友著名歌唱家王凯平、方初善等寻求朝鲜语的歌曲演唱资料，同时自己又学到很多东西。

多年来，她演唱过许多首柬埔寨、越南、老挝、日本、朝鲜等国歌曲，为多位来访的外国领导人演出，得到好评。1975年，当时中日恢复邦交，在中央人民广播电台由许正源演唱录制的日本歌曲《樱花》作为每天对日本NHK节目的开始曲，歌声通过电波传到日本。1975年，日中友好代表团来中国访问，代表团成员女作曲家小黎园美都子见到许正源说："在日本我就听到了你的歌声，你发音很准，我还以为是我们日本人演唱的。"

▌发挥余温

"十月里响春雷，八亿人民举金杯。"这首《祝酒歌》唱出了粉碎"四人帮"后全国人民的喜悦心情。

1976 年，"四人帮"被粉碎，"文革"也宣告结束，文化艺术如枯木逢春。当时的天津歌舞剧院复排了《货郎与小姐》，许正源仍在剧中饰演女主角居理乔赫拉。该剧在天津及全国其他城市演出场场爆满，连演 200 多场，并且在南京、苏州等地演出也盛况空前。由于艺术上的成熟，演唱上更为得心应手，许正源的艺术青春再度焕发，全身有使不完的劲。除了演出外，1980 年舞剧院排演了歌颂中日友好的歌剧《泪血樱花》，许正源担任女主角樱枝，演出得到很高的评价，她也再登个人演艺生涯又一高峰。同年，在第一届华北音乐演出中，许正源在《黄河大合唱》中担任《黄河怨》的独唱，指挥家李德伦在演出结束后拉住她的手说："你唱得太好了，太感人了，我都流泪了。"1986 年，许正源参加大量的独唱、重唱音乐会，天津电视台为她录制了《业精于勤，行成于思》的专题音乐节目，录制的曲目有《春潮》《卡迪斯姑娘》《月亮颂》《蝴蝶夫人》等。

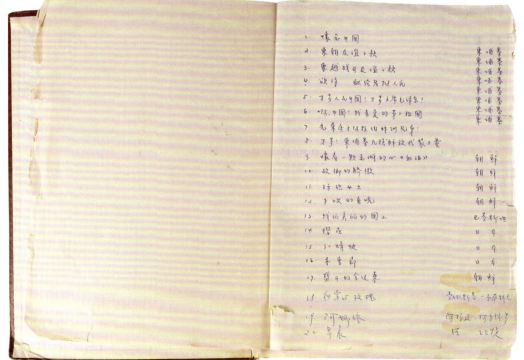

这是许正源手写的歌本，就靠它学习新歌，在她眼中这可是宝贝。

旋律之外见初心

1961 年春节，许正源与丈夫和儿子在家中合影。

　　1997 年，59 岁的许正源在天津音乐厅带着自己的学生们举办了个人独唱音乐会。那次音乐会非常成功，当她讲述当时的演出情景时仍感动不已。7 月 11 日，当时气温高达 36 摄氏度，天津音乐厅内仍然座无虚席，台上台下似乎变成了花的海洋，很多不相识的人带来鲜花表示祝贺。她认真地演唱着每一首歌。音乐会结束，观众不愿离去，她流着激动的泪水，衷心感激爱她的观众。而最让她感动的是，老院长王莘在酷暑的天气下由夫人推着轮椅参加她的音乐会。演出后，王莘握着许正源的手，伸出两只大拇指。当时的王莘已经不能用语言表达了，但许正源却感动得热泪盈眶。

　　许正源从踏上歌唱道路开始，从未停止过对歌唱艺术的执着追求，从未停止过对祖国、对党的歌颂，她心中燃烧的艺术之火从未熄灭过。艰难的探索、奋力的拼搏、不懈的追求，也迎来了成功的喜悦。几十年来，她对各种表扬、奖励及社会地位，总是淡然处之，从不沾沾自喜、自命不凡。

　　如今，虽已年过八旬，她仍经常参加一些社会公益活动，她还要为音乐事业发挥自己的热能，还要与她热爱一生的音乐艺术共度美好的时光。

　　（本文作者为常兆新，图片由许正源提供。）

伍

唱不够的黄土情

广袤的黄土地、鲜艳的山丹丹花、奔流的黄河……都在那高亢激昂的陕北民歌里灵动起来。

让陕北民歌
传播到更远的地方

"我想让更多人传唱、喜欢上陕北民歌。"已经 85 岁高龄的李秀芬尽管两鬓斑白，但双眼依然炯炯有神。她是原中央歌舞团陕北民歌合唱队领唱人，也是团里毫无争议的主心骨。

火热集结陕北

陕北民歌，是浓厚的黄土情最深刻的积淀，具有极高的艺术、民俗、历史文化等方面的价值，其中信天游作为陕北民歌的精华，响彻在广漠无垠、千沟万壑的黄色高原上。

1953 年，一群陕北民歌传唱人火热集结，原中央歌舞团陕北民歌合唱队由此成立，李秀芬与陕北民歌的故事也起源于此。

1957 年，陕北民歌合唱队在国内巡回演出。

在谈起缘何成立中央歌舞团陕北民歌合唱队时，李秀芬表示，一是陕北民歌有独特的风格，在全国有广泛的影响力；二是陕北是陕甘宁革命根据地，产生了许多歌颂党和革命的民歌，许多陕北革命历史民歌直接反映了红色革命斗争的历史；三是许多老同志曾在陕北学习、研究陕北文艺，有一定的艺术基础。

1956 年，陕北民歌合唱队在中南海怀仁堂演出。

　　"1953年春天，合唱队的教员带领全体学员到达陕北绥德清水沟，租了10孔窑洞，进行为期半年的基本乐理训练、民歌体验及陕北民歌的搜集、整理，收获颇丰。"据李秀芬介绍，回到北京后，团里进行了汇报演出，汇报曲目包括《三十里铺》《对面沟里流河水》《对花》等。

1956年，陕北民歌合唱队在北京演出。

1958 年 5 月，中央歌舞团赴日本进行民间交流演出。（左四为李秀芬）

1956 年，民歌队赴陕北向民间老艺人学习。

"陕北民歌所独具的那种艺术魅力及未曾听过的合唱音响,让大家非常惊喜,汇报圆满成功。1953年,张树楠为陕北民歌合唱队队长,王方亮为合唱队的指挥兼作曲。"

据李秀芬介绍,《三十里铺》就是由王方亮从17段歌词中挑选出6段歌词作为标准版本传唱,使这首爱情故事的信天游得到了丰富、提高与推广,成为陕北民歌中的经典。

1957 年，陕北民歌合唱队在北京演出，前排为李秀芬。

▌把热爱融入歌里

最简单的音调，需要最艰苦的练习，台上的精彩表现离不开台下日复一日地排练。

"只要能学习、能进步，尝试了不少方法。我们有专业的培训，不仅是唱歌，文化课也有。特别是为了保持陕北味道，团里要求，不让我们学声乐，要保持这个原汁原味。谁要学了普通话，还会开小组会批评。我们还会从民间艺人那里去学，民间艺人的腔调更为纯正。"李秀芬说。

1959 年，民歌队部分成员随陕西省慰问团赴驻福建部队慰问演出，指挥为陕北民歌队王方亮。

1956 年,《中国妇女杂志》(英文版)专题介绍陕北民歌队。

从 1953 年至 1958 年的几年时间里，合唱队掌握了四百多首陕北民歌，王方亮等作曲家们从这些民歌中筛选出来一些改编成了合唱曲目，以不断丰富、更新合唱队演唱曲目，当时的陕北民歌不论在内容还是词曲上都有了新突破，涌现了大量的经典传唱曲目。

合唱团多次参加国家大型演出、民间音乐巡回演出等，一度享誉全国，无数观众被陕北民歌所具有的独特艺术感染力，以及高昂、厚重、深远质朴的音乐风格所吸引。李秀芬和她的队友们，将《红军哥哥回来了》《东方红》《兰花花》《三十里铺》等陕北经典民歌传遍大江南北。

"蓝格英英的彩，生下一个兰花花，实实地爱死个人，五谷里那个田苗子儿，数上高粱高，一十三省的女儿哟，数上那个兰花花好……"说到动情处，李秀芬便唱了起来。

"演出累吗？""不累，为大家唱歌很高兴。"李秀芬边说边给笔者展示其早期的演出照片。笔者看到，早期的李秀芬，身穿陕北地区特色服饰，表演沉稳、庄重不失深情，认真不乏俏皮和活力。她用满腔的热爱与真诚，生动演绎着陕北民歌的内涵和意境。

陕北民歌，尤其是红色经典民歌，记录着坚强有力的革命时光，承载着真实动人的红色精神力量。1981 年便加入中国共产党的李秀芬，始终将自己的艺术实践与时代发展紧密相连，给千万个中国家庭送去欢乐和祝福，用歌声见证民族进步，用作品抒发祖国的豪情、人民的心声。

李秀芬老师近照。

"演唱水平、艺术表达等的提升都离不开团队的培养，离开了团队，我什么都不是。"李秀芬说，"我们合唱队每个人都是这样，传承民歌经典，弘扬民族文化，把热爱融入歌声，大家聚是一团火、散是满天星，为民歌传唱贡献自己的光和热，这些都是本能。"

一把黄土撒上天，信天游永世唱不完。回望历史，是为更好地面对当下。像李秀芬那样的民歌艺术家既是艺术发展的参与者，更是推动者，我们要一棒接着一棒跑下去，努力筑就新时代的文艺发展新高峰。

（本文作者为伊洛，图片由李秀芬提供。）

头发白了
眼睛花了也能唱

13 岁饰演《白毛女》中的黄母，17 岁演喜儿；19 岁唱响脍炙人口的陕北民歌《兰花花》；27 岁随陕西省代表团赴福建慰问中国人民解放军；40 岁参演《红灯记》中的李奶奶……她曾被誉为"人民最喜爱的歌手""又红又专的好演员"。她就是刘燕平，中央民族乐团国家一级演员，荣获国际奖和省级以上"甲等演员""先进工作者"等 20 多项荣誉。

延安成长起来的艺术家

1942 年，刘燕平的父亲——八路军总部和 120 师高级参议、陕甘宁边区参议员刘杰三，在延安开参议会期间，就托赶牲灵的脚夫，将刘燕平从家乡绥德"捎"到延安。刘燕平自此投入革命的怀抱。

经过延安自然科学院预科班的学习，三年后，她被调到西北文艺工作团（简称"西三团"，今陕西省歌舞剧院前身），不仅在上演的剧目中担任角色，而且和团里的大哥哥、大姐姐一起行军，参加战地医院的救护与服务。期间正是贯彻毛泽东《在延安文艺座谈会上的讲话》精神的时候，文艺事业如久旱逢甘露，蓬勃发展。

"西工团的工作者基本都是一专多能，每个人都干很多事儿。我因为年纪小，一开始负责管理道具，平时跟别人学习吊嗓子、踢腿，成长很快。后来团里要演出《白毛女》，结果补演了黄母，演出效果还可以，与演艺事业也算是有缘分吧。"刘燕平表示。

1958 年，刘燕平在电影《雪海银山》中饰李春兰。

随后，刘燕平就成了"及时雨"，替演的次数也越来越多，她参加了《兄妹开荒》《军民关系》等剧的演出并学会了唱民歌。1949年5月，西安解放，西工团决定下西安。刘燕平第一次看到火车和铁路，欢欣鼓舞地进了西安。进城后的演员们将一个个创作、改编的新歌剧送往工厂、农村、军营和校园。刘燕平在新歌剧《保卫村政权》中成功地塑造出一个伪善嘴脸的关中地主婆，还在《白毛女》中饰演了喜儿，受到观众的好评。

"艺术来源于生活，思想觉悟也得高，不演出的时候，演员们就种种地、帮助照顾照顾伤员等，团里也时常组织学习。"刘燕平表示，她在西北文工团参加了自卫战争、解放战争，经过战争的锻炼成长，其革命意志始终没有动摇过。

1974 年，刘燕平在延安桥儿沟放声歌唱。

1948 年 8 月 26 日，刘燕平在西工团随军工作中加入了中国共产党。"从此我就以一个共产党员的要求来严格要求自己，按照党章来做党员，在思想、工作与生活上积极发挥先锋模范带头作用。"刘燕平说。

随着思想、艺术上的成熟，刘燕平逐渐成了西北文工团的主演，她参与演出了诸多歌剧中的女一号：《小二黑结婚》中的小芹，《草原之歌》中的侬错加，《江姐》中的江姐……刘燕平时刻记着要"沉"到群众中去。

1948 年，人民解放军收复延安，刘燕平在街头闹秧歌。

▋火车上出了个"兰花花"

"青线线的那个蓝线线，蓝格英英的彩，生下一个兰花花，实实地爱死个人……"这是刘燕平 19 岁时唱响的一首民歌。

你可能想不到，这首脍炙人口的《兰花花》是刘燕平一行在火车上改编创作的。那是在 1951 年，全国首届民族民间音乐舞蹈会演在北京举行。正在青海为修筑青藏公路的筑路部队和民工演出的刘燕平，被选定为西北演出团的歌手。在奔赴北京的火车上，她和带队的西北局宣传部的陈若飞以采风收集的原始资料为基础，编创出这首陕北民歌《兰花花》。

　　与许多来自民间的小曲一样，这首吟咏《兰花花》的歌儿在口口相传中不断丰富，光是收集到的词就有近百段，而各段之间却无必然联系，全凭歌者兴之所至。经过刘燕平一行的选择、整理、改编、创作，在旋律变化、表现处理上反复琢磨、一遍遍吟唱，一首有故事、有情节的叙事民歌在驰行的列车上有了新的生命、新的模样——优美流畅、开阔有力！

　　演出团到了北京，但《兰花花》的伴奏还没有着落。为此，刘燕平请到了延安鲁艺的老熟人——著名作曲家刘炽。演出当天，刘炽隐身于侧幕后，用一根竹笛，伴完全曲。一曲歌罢，掌声如潮。汇演完毕，刘燕平即被选拔参加在东柏林举行的第三届世界青年与学生和平联欢节，并光荣获奖。

　　歌唱艺术带来的精神力量是不容小觑的。之后，作为中国青年艺术团的成员之一，她又在历时一年的东欧八国巡回演出中，把《兰花花》《信天游》唱到了奥地利维也纳，唱到了在捷克举行的"布拉格之春"音乐节……让东欧听众感受到中国民歌的魅力。

1960年，刘燕平在歌剧《红鹰》中饰林华。

1953 年，刘燕平（左一）在歌剧《小二黑结婚》中饰小芹。

▊ 走得再远不能忘了初心

学无止境，对艺术发展来说也是如此。在一次次的演出实践里，在一次次的虚心求教中，几十年如一日，刘燕平始终将学习放在心上，将人民群众的喜欢作为终极目标。

1959 年冬，她随陕西省代表团赴福建慰问中国人民解放军。民族英雄郑成功、爱国志士陈嘉庚的事迹深深地打动了她，后来排演歌剧《红珊瑚》中，珊妹那动人心弦的激情，很大程度上得益于这次活动的感性积累。

"光演唱是不够的，还要有广泛的知识积累。"刘燕平深知知识积累的重要性，她抓紧一切时间，广泛阅读古今中外名著，系统、反复学习斯坦尼斯拉夫斯基体系的表演理论知识，提高自己的业务素质和文学修养。

1959 年，刘燕平（左）
在歌剧《兰花花》中饰小兰。

　　刘燕平还不忘时常向艺术大师和民间艺人取经学艺。在西北文工团工作期间，刘燕平与豫剧表演艺术家常香玉成了至交好友。"1948 年，香玉在西安创办'香玉剧社'，就在我们剧团边上。我们俩不管是开地方的文代会还是参加文艺界的活动，经常在一起，我有了很多向她学习豫剧的机会。"据刘燕平介绍，在河南豫剧院成立后，常香玉回到河南担任院长，两人不常见面了，但一直保持着友好往来。

　　1973 年 8 月，北京举办了亚非拉乒乓球友好邀请赛。刘燕平在首都体育馆见到了周恩来总理，她心中百感交集。"总理握着我的手问还唱不唱歌？我说已经 8 年没唱了。总理痛惜地说你还可以唱嘛！我说我头发都白了，眼睛也花了。可总理说头发白了也能唱，眼睛花了也能唱。"周总理还鼓励她："把民间的东西好好再加工、提炼。好的保留下来，不好的去掉，要好好再搞几首革命民歌出来。"

1987 年 7 月 1 日，时任中央民族乐团党委书记刘燕平主持党的生日纪念会。

　　1978 年，刘燕平调至中央民族乐团工作。1979 年，刘燕平率领一支文艺队伍慰问广西海防前线的广大官兵，受到慰问团团长王震和原文化部的表彰。在我国艺术团赴美参加奥林匹克艺术团的演出时，刘燕平也是该团的艺术指导。第一场演出后，轰动了美国，原价 6 美元的门票最后 80 美元也难买到，众多华侨和美国著名演奏家看后，感慨地表示："真没想到中国音乐这么精彩。"中国民族音乐在海外引起轰动，在西方乐坛上扬眉吐气。

刘燕平获得"光荣在党 50 年"纪念章。

　　晚年的刘燕平始终关注家乡陕北的文艺事业发展。2018 年 5 月，位于陕西省榆林市榆阳区的陕北民歌博物馆开馆，当时 86 岁高龄的刘燕平从北京前去参加了开馆典礼仪式。她说："家乡培育了我，我也要尽自己所能回报家乡。"

　　如今，即将迈入九旬的刘燕平回忆往昔，感慨道："艺术就是要让人民喜欢，这是周总理的教导，也是我们文艺工作者永不能忘记的初心。"

　　（本文作者为伊洛，图片由刘燕平提供。）

陆

收藏老唱片
要享受它的美

不同于其他艺术品、收藏品，黑胶老唱片带给持有者更多的是"听觉的愉悦"。发烧友们收藏老唱片，图的不是短期内增值变现，而是希望珍藏被黑胶唱片定格的时光。也正是黑胶独特的时光记忆，吸引着越来越多的人加入到收藏圈里来。

19 世纪末，英商谋得利琴行开始在上海推销留声机及唱片。20 世纪初，主营电影唱片的法国百代公司在上海设立分公司，留声机在国内逐渐普及。

1921 年，上海百代公司改组为"东方百代"，并在贝当路即今上海衡山路设厂，直接在中国生产唱片。当年，聂耳、黎锦光、任光、冼星海等杰出音乐家均在此工作过，并留下了一批旷世佳作，《义勇军进行曲》《渔光曲》《金蛇狂舞》《翠堤春晓》《昭君出塞》等唱片，均具有极高的收藏价值。其中，20 世纪 30 年代百代公司推出的《义勇军进行曲》的首版唱片早已成为难得一见的珍品。

　　我国有记载的第一张唱片是 1904 年录制的京剧孙菊仙唱腔。至 20 世纪 90 年代初，我国胶木唱片已完全停产。目前，中国唱片总公司保存着 13 万面唱片金属模板和 4.5 万条磁记录胶带，其中 1949 年以前的唱片模板有 4 万余面，均是极其珍贵的唱片模板孤品典藏。中国唱片总公司版库中还珍藏着中国唱片发展史上的许多个"第一"：1949 年 6 月生产的解放后第一批粗纹唱片《解放区的天》、1959 年 10 月出版的第一张中密纹唱片《黄河大合唱》，这些珍贵的唱片文物，不仅记载着中国唱片的发展历程，更反映了时代的变迁和发展。

　　黑胶唱片作为音乐的载体几乎占据了整个 20 世纪，直到 1984 年 CD 诞生。中国在 1992 年开始进入 CD 时代，黑胶生产线被大量淘汰，但它们却逐渐成为发烧友们压在箱底的"宝贝"。

有藏家建议，不要成为只将自己收藏的唱片束之高阁的"唱片仓库保管员"，而应该配置黑胶唱机，真正去享受它。

同时，收藏唱片应当选择最原始的版本。黑胶唱片一般通过开盘母带制作母盘，再压模进行批量生产。头版黑胶主要是指 DMM。母带存放时间长会产生损耗，造成再版唱片的信息量减低。DMM 意为"直接刻制唱片"。它的工艺流程是由声能转换为电能再转换为机械能，不是通过磁带录音、混音、放音再进行刻制的录制程序，能将原声最大限度地保存下来，音质最好。直刻母盘只有一个，压制的头版唱片数量很有限，母盘一旦报废就意味着绝版，所以有 DMM 标志的黑胶唱片收藏价值最高。

《黄河大合唱》由解放军歌舞团演唱，时乐濛指挥，1959年出版，为中国唱片史上具有划时代意义的第一张密纹唱片。

《黄河大合唱》由光未然作词，冼星海作曲，1939年首次演出，歌曲慷慨激昂，在中国抗日战争时起到鼓舞作用。后来为满足不同需求，发行了不同版本的《黄河大合唱》，广播专用片就是其中之一。

《中华人民共和国国歌》由田汉作词，聂耳作曲，该曲为电影《风云儿女》主题歌，被称为"中华民族解放的号角"，自1935年在民族危亡的关头诞生以来，对激励中国人民的爱国主义精神起了巨大的作用，后成为中华人民共和国国歌。

1935 年 5 月 9 日，该曲第一版录音在百代唱片公司录音棚录制完成。1951 年，人民唱片厂为满足国歌播放的需要，录制出版了由铜管乐合奏和管弦乐合奏组成的粗纹唱片。1959 年，中国唱片厂为庆祝中华人民共和国成立 10 周年，录制出版了全套标准国歌专用唱片。1978 年，推出集体填词版专用唱片。1983 年，中国唱片上海公司录制出版了恢复原词后的标准国歌专用唱片。

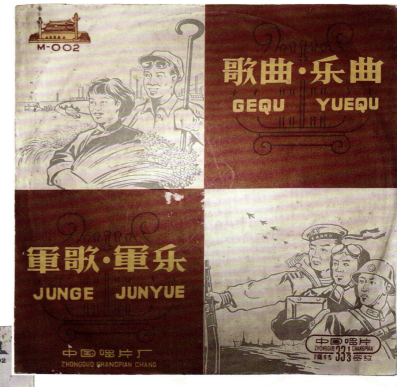

M-002

歌曲·乐曲
GEQU YUEQU

軍歌·軍乐
JUNGE JUNYUE

中国唱片厂
ZHONGGUO CHANGPIAN CHANG

中国唱片
ZHONGGUO CHANGPIAN
33⅓ 密纹

M-002 　　歌曲·乐曲　軍歌·軍乐　　M-002

→ 密纹慢轉唱片 ←

第一面：歌曲·乐曲

(1) 社会主义好　　　　　　　　　(合唱)
　作词：希扬　作曲：李焕之
　演唱：上海合唱团
　伴奏：上海交响乐团
　指挥：郑德鋆

(2) 总路线的光芒照四方　　　　　(合唱)
　作词：西彤　作曲：朱云
　演唱：中央人民广播
　　　　广播合唱团
　伴奏：沈韩青　指挥：聂中明

(3) 大跃进的歌声響山河　　　　(女声独唱)
　作词：管平　作曲：唐诃
　演唱：陆青霜
　伴奏：中央人民广播电台民族乐团
　指挥：彭修文

(4) 东风压倒西风　　　　　　　　(合唱)
　作词：杨涛　作曲：成教
　演唱：上海合唱团
　伴奏：曹子萍(手风琴)　伴奏：郑德鋆

(5) 青年突由队之歌　　　　　　　(合唱)
　作词：中学　作曲：贺绿汀
　演唱：上海合唱团
　伴奏：上海音乐团　指挥：郑德鋆

(6) 歌唱农业发展纲要　　　　　　(齐唱)
　作词、作曲：顾望
　演唱：上海人民广播电台广播乐团
　伴奏：上海市工人文艺工作团
　　　　民族乐队　指挥：李金声

(7) 零鼓的社会主义干劲大　　　　(女声合唱)
　作词：希扬　作曲：陈啸仁
　和声：刘森灵
　演唱：中央人民广播电台
　　　　广播乐团合唱队
　伴奏：武东明(手风琴)

(8) 庆祝十三陵水库落成序曲　　　(管弦乐)
　作曲：罗忠镕
　伴奏：中央乐团管弦乐队
　指挥：李德伦

第二面：軍歌·軍乐

(1) 中国人民解放军进行曲　　　(鋼管乐)
　作曲：郑律成
　演奏：中国人民解放军军乐团

(2) 我們的心永远忠于党　　　　　(原唱)
　作词：下肢瘫痪，特等残废革命军人
　　　　刘渝生
　刻词：双手截肢，一等残废革命军人
　　　　模范休养员　谋家喔

(3) 人民战士进行曲　　　　　　　(合唱)
　作词：李伟

演唱：中国人民解放军
　　　海军政治部文工团合唱队
伴奏：海军政治部文工团管弦乐队
指挥：石友

(4) 边防军人的宴響　　　　　(男声领唱合唱)
　作词：夏阳　作曲：梁俊
　演唱：中国人民解放军公安军
　　　　文工团合唱队
　领唱：胡宝善　伴奏：原野(手风琴)

(5) 一对银燕飞上天　　　　　　　(合唱)
　作词：周采西　作曲：胡士平
　演唱：中国人民解放军
　　　　海军政治部文工团合唱队
　伴奏：中国人民解放军
　　　　海军政治部文工团管弦乐队
　指挥：石友

(6) 纵队进行曲　　　　　　　　　(合唱)
　作词：普烈　作曲：方印
　演唱：中国人民解放军
　　　　总政歌舞团合唱队
　伴奏：梁白强(手风琴)　指挥：夏建

(7) 蜕足革命干劲干　　　　　　　(合唱)
　作词：陈其通　作曲：梁士辉
　演唱：中国人民解放军
　　　　总政歌舞团合唱队
　伴奏：中国人民解放军
　　　　总政歌舞团管弦乐队
　指挥：胡德风

注意　这张密纹慢转唱片，每分钟33⅓转，只能用具有动圈式或晶体式的壓唱头[或名拾音器]、附有密纹专用的唱针和具有每分钟33⅓转速的新型电唱机，才能放唱。一般的电唱机和手摇唱机都不能放唱。

中国唱片厂

《歌曲·乐曲 军歌·军乐》是中国唱片厂
第二张密纹唱片。

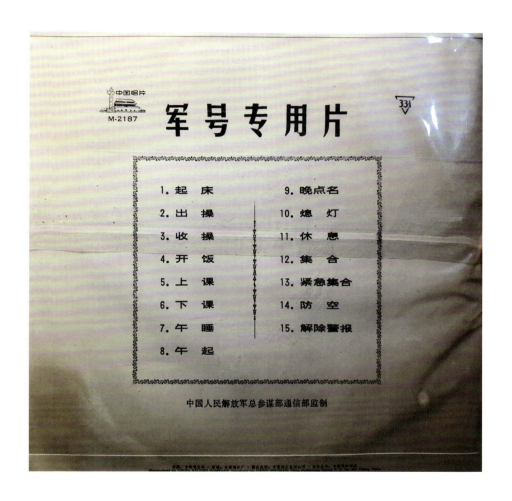

中国唱片

M-2187

军号专用片

33⅓

1. 起 床
2. 出 操
3. 收 操
4. 开 饭
5. 上 课
6. 下 课
7. 午 睡
8. 午 起

9. 晚点名
10. 熄 灯
11. 休 息
12. 集 合
13. 紧急集合
14. 防 空
15. 解除警报

中国人民解放军总参谋部通信部监制

唱片《军号专用片》灌制于 1976 年，解放军总参谋部通信部监制，用于军队使用，后公开发行。军号，曾经是部队传达信息指令的重要方式，不同的号音调动着士兵们的工作和生活。随着这张老唱片的发行，也让大众认识军号、熟悉军号，了解军旅生活。

中国唱片

闪闪的红星

M-2094/6

33⅓

电影录音剪辑

中国人民解放军八一电影制片厂摄制

根据李心田同名小说集体改编

执　笔——王愿坚、陆柱国
导　演——李　俊、李　昂
作　曲——傅庚辰
独　唱——邓玉华、李双江
合　唱——中国人民解放军歌舞团
　　　　　中央人民广播电台少年广播合唱团
合唱指挥——胡德风、徐　新
演　奏——新影乐团
乐队指挥——冯光涛

演　员　表

潘冬子 ············ 祝新运

（配音：张桂兰）

吴修竹 ············ 薄贯君
宋大爹 ············ 高宝成
母　亲 ············ 李雪红
潘行义 ············ 赵汝平
椿伢子 ············ 刘继忠
胡汉三 ············ 刘　江

内 容 简 介

急风骤雨的一九三一年，小冬子的家乡——柳溪暂时还处在大土豪胡汉三的统治之下。刚满七岁的小冬子担柴路过胡汉三家门口时，被正仓惶逃命的胡汉三拦住盘问，逼他说出他父亲潘行义的去向，并丧心病狂地把他吊了起来，重施拷打。正在这时，红军在潘行义的响导下，打入柳溪，解救了小冬子。

柳溪建立了红色政权，小冬子参加了打土豪分田地的斗争。

为了保卫胜利果实，红军战士和革命人民一起英勇备战。潘行义奋战负伤，在做手术时主动把麻药让给阶级兄弟。小冬子深受教育，加深了对同志的爱和对敌人的恨。

一九三四年秋，由于第三次"左"倾路线的错误，主力红军被迫撤离中央根据地。这时，潘行义参加了主力红军。出发前，他给小冬子留下了一颗闪闪的红星。

红军一走，胡汉三又窜回了柳溪，柳溪陷入白色恐怖之中。小冬子和母亲暂时离开柳溪，转入深山老林。

遵义会议的召开，如春风吹进了深山老林。留在当地领导游击队和革命群众坚持斗争的红军干部吴修竹，传达了遵义会议的精神，使小冬子和他母亲增强了斗争的勇气

和胜利的信心。

在宣传毛主席和党中央的指示过程中，小冬子的母亲为了掩护乡亲们撤离，壮烈牺牲。母亲的牺牲使小冬子变得更加坚强了。

在党的培养下，在闪闪的红星照耀下，小冬子逐渐成长起来了。紧要关头，他急中生智，用柴刀砍断竹索，在宋大爹帮助下掀掉桥板，切断退路，迫使"靖卫团"匪兵向游击队举子投降；他为山上的游击队筹盐，巧妙地辗过了"靖卫团"的搜查；在米店里，他叫椿伢子把情报送往给宋大爹，机智地搞坏了敌人的椿船，破坏了胡汉三的抢劫计划；他还沉着自如地对付了胡汉三的多次搜擒诬探和盘问，最后满腔仇恨地砍死了胡汉三，有力地配合了游击队进行姚湾镇的军事行动。

战斗迎来了胜利。一九三八年，毛主席的抗日民族统一战线取得了辉煌的胜利。在江南坚持斗争的红军游击队奉党中央的命令，准备开赴抗日前线。上级派潘行义来接吴修竹他们下山。小冬子和父亲见面了，小冬子拿上那颗保存了多年的红星，成了一个真正的红军战士，加入了红军的行列，踏上新的征途，在毛主席的革命路线指引下前进！

出版：中国唱片社·印制：中国唱片厂·国内发行：中国唱片发行公司·国外发行：中国国际书店
Manufactured by CHINA RECORD COMPANY Distributed by GUOJI SHUDIAN, China Publications Centre, P. O. Box 399, Peking, China

《闪闪的红星》是由八一电影制片厂摄制的中国儿童红色电影。该片由李昂、李俊执导，祝新运、赵汝平、刘继忠主演，于1974年10月1日上映。该片讲述了在1930年至1939年艰难困苦的环境中成长起来的少年英雄潘冬子的故事。这套唱片是选取电影录音片段制作的。

《祖国颂》是 1957 年中央新闻纪录电影制片厂为庆祝中华人民共和国成立 8 周年所拍摄的我国第一部大型宽银幕文献纪录片。其中，同名主题歌《祖国颂》为气势恢宏的大型合唱，由乔羽作词，刘炽谱曲。

《祖国颂》中的歌声融于影片生动的纪实画面，满怀激情地颂赞了新中国所取得的辉煌成就。整首歌意境高远，撼人心魄，对祖国的挚爱之情和民族自豪感充溢其间。

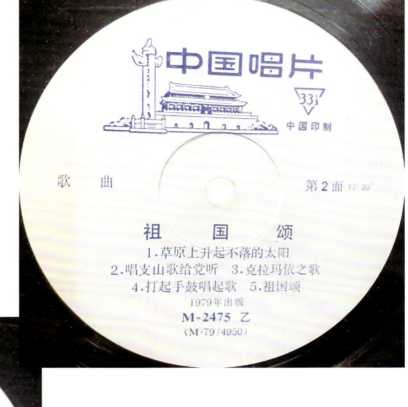

后 记

什么是初心？其实，并非是要实现最初的梦想，而是不要忘记那份纯真。

在制作本书的过程中，我们最大的感受就是这份纯真。我们接触的老艺术家及其家人们，每一位都是朴实无华、和蔼可亲的，对我们提出的要求都尽可能给予配合与帮助。如果你对他们不是很熟悉，会觉得他们看起来十分普通与平凡。但当与他们交谈之后，你就能感受到那种震撼人心的厚重力量。因为他们的初心，除了对音乐事业的挚爱，还有就是对党和国家的歌颂与赞美。

本书的内容大部分是对受访者口述资料的整理，口述的形式能反映出较为贴近真实的历史记忆，算是一手的、独家的资料。但是，在我们与采访对象联系并陆续拜访的过程中，受到一些客观因素的影响，还是留下了很多遗憾之处。

不过，本书的整体思路与风格，我们还是尽最大努力向最初的设想贴近。而这种将口述史整理出版，以及配合展览、视频、音频等立体形式的呈现方式，我们在未来还将持续做出尝试。

对于我们来说，初心是什么？初心就是尽最大努力，为广大图书馆读者提供更鲜活、更有趣、更真实、更精彩的阅读内容，同时还要不断持续发现、搜寻值得我们推广、宣传的人与事，以及真实的历史。

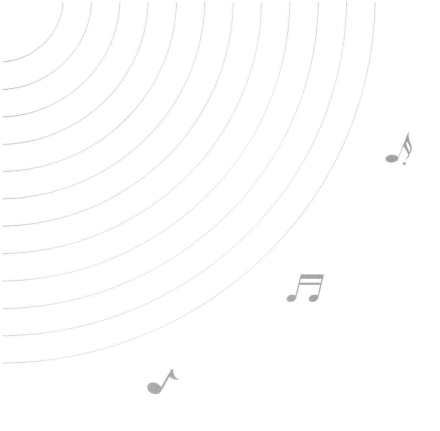